Vol.2:201306

Monthly Culture & ART MOOK

ART DIGEST

I0488129

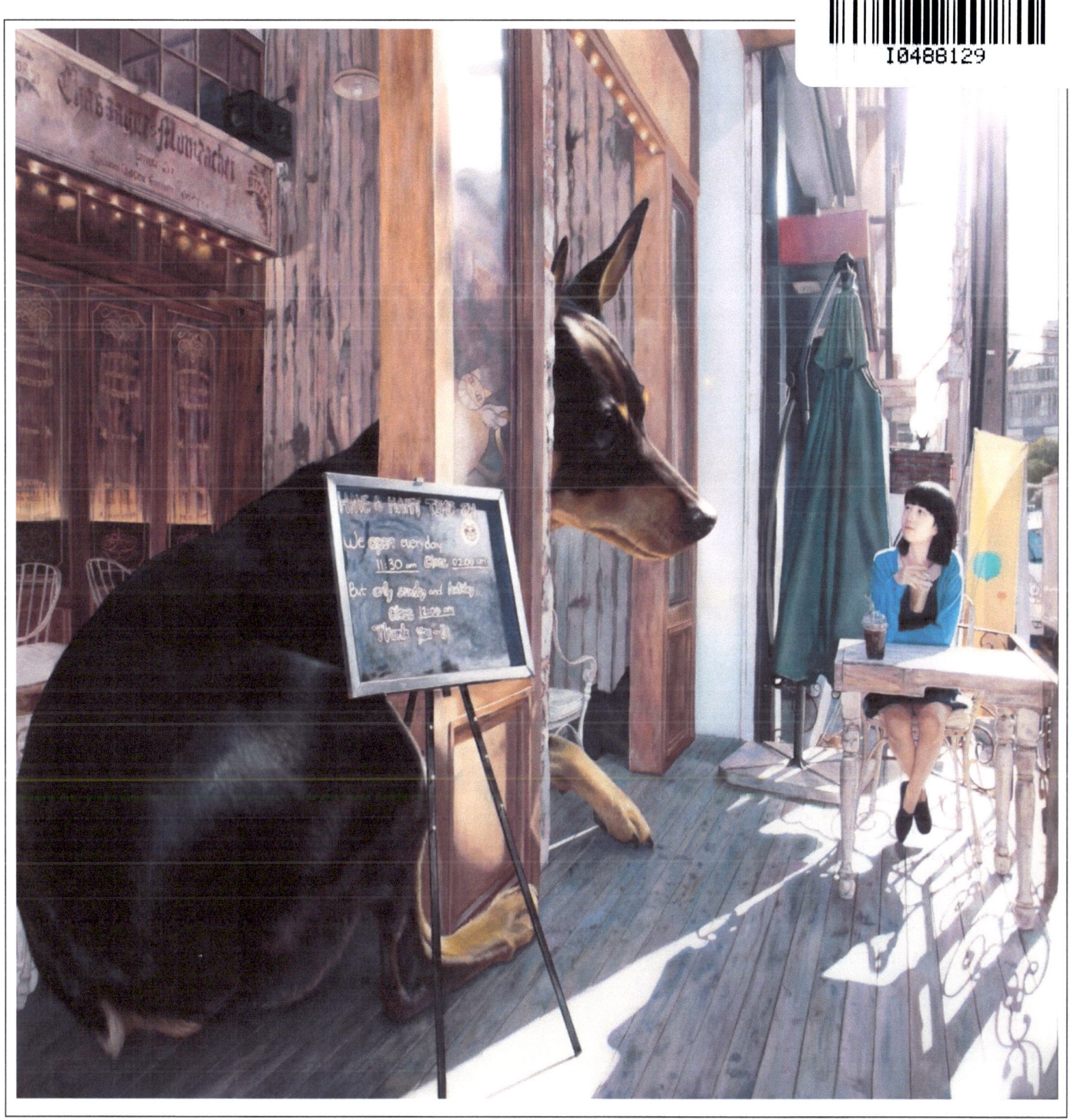

Cover Artist #1

정우재 신진작가

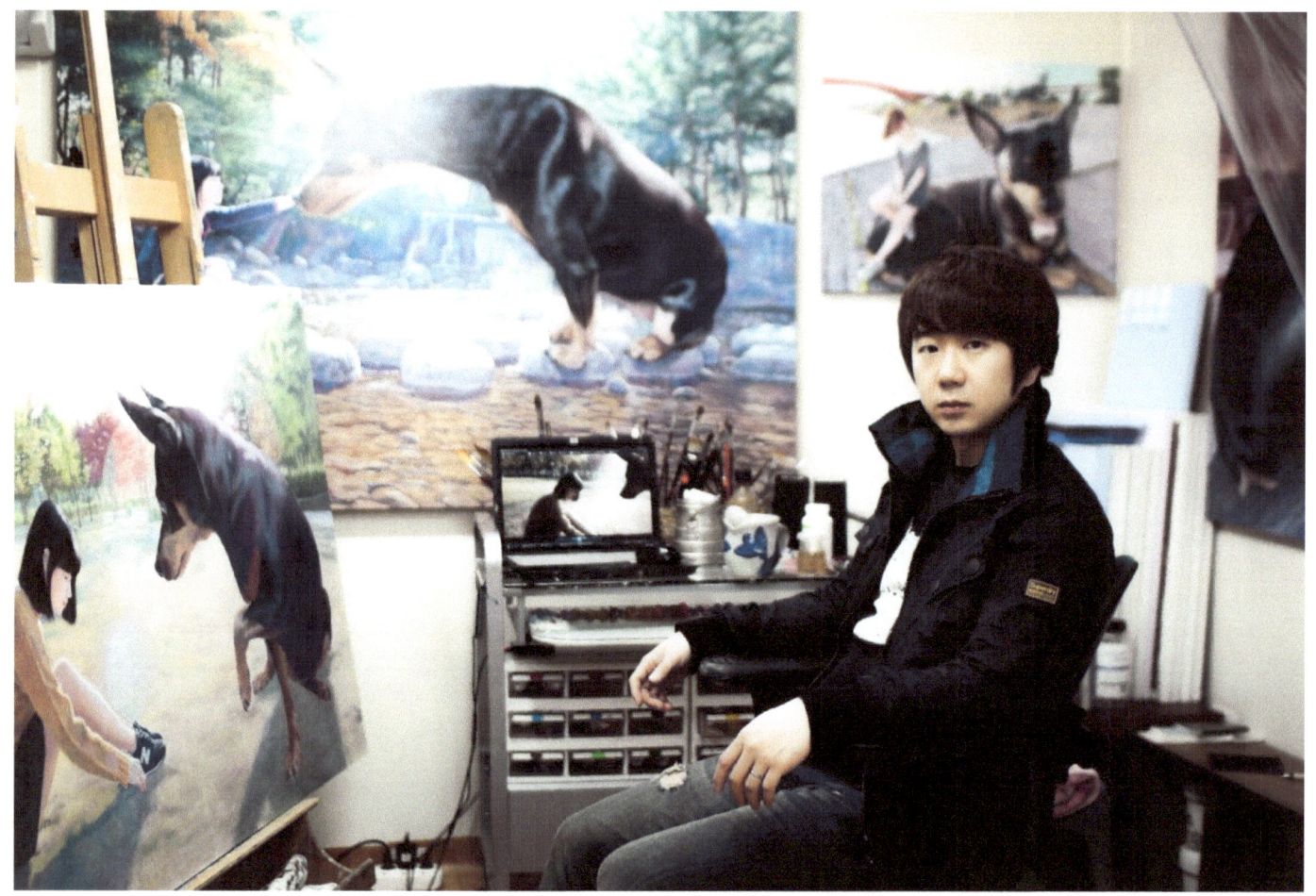

에디터노트

인터뷰내내 섬세한 눈빛과 강한 책임감 그리고 의지를 보여주었던 정우재 신진작가는 자신이 걷고 있는 길에 대해서 차분히 설명을 해주었다. 그의 작품에서는 관계와 흐름에 대한 이야기를 하고 있다. 작품에 나오는 개와 소녀는 그의 작품에서 중요한 위치를 차지하고 있다. 개는 인간과 정서적인 교감을 많이 하는 동물로서 소녀에 대한 수호자라는 의미를 가지고 있다고 한다. 정우재작가는 여타 신진작가와는 다른 독특한 이력의 소유자이다. 신진작가중에서도 많지 않은 나이임에도 영국본토의 갤러리로 진출한 특별한 이력을 갖고 있다. 하지만 겸손을 잃지 않는 노련함과 차분함을 가지고 있다. 영국 샤인아티스트갤러리의 소속작가로서 그의 작품은 영국은 물론 전세계로 알려지고 있다. 많은 신진 작가를 포함하여 중진작가들까지 부러워할 만한 이력의 그 이지만 잠깐의 관심을 받는 정도에서 멈추지 않고 더욱 더 세계인에게 자신을 드러낼 수 있는 작가가 되기 위해서 노력을 하고자 한다.

작가노트

현대사회는 빠르게 발달하는 과학과 무한경쟁사회의 과도한 경쟁으로 인해 인간은 점점 무정해지고 냉혹하게 변해간다. 이러한 정서적 결핍과 자아상실 등은 범죄와 자살 등을 촉진시켰다. 무한경쟁시대에서 인간은 항상 바쁘게 움직이고 서로에게 좀처럼 속내를 드러내 보이지 않으며 방어적인 자세를 취한다. 또한 서로의 이익을 위해 인스턴트식 관계를 맺으며 살아가고 있다. 이러한 현상은 정서를 왜곡시키고 인간의 내면의 소리에 귀를 기울이지 못하게 만든다. 본인의 작업은 동물들에겐 계속해서 존재하지만 현대인에게는 결핍되어 있을 수 있는 순수 했던 인간 옛 본성을 유지하려 하고 있다. 이렇듯 인간이 잃어버리게 된 순수성의 회복을 위하여 작품 속에서 소녀와 소녀보다 더 큰 개를 등장시킨다. 인간은 정서적인 부분에서 갈망을 느끼지만 부족한 정서를 인간에게서 찾기보다, 말은 통하지 않아도 마음으로 교감할 수 있는 동물과의 관계를 통하여 결핍의 채움을 드리낸다. 그들이 위치하는 공간은 야외로 확장되어 있고 양가성을 지닌 이 소재들은 본인의 작품에서 중요한 상징이 된다.

소녀는 유아가 가진 절대적인 의존성과 성인이 가진 자립성 사이에 위치한 사춘기 소녀의 모습을 띤다. 작품에서 소녀는 어른으로 성장함에 따라 급증하는 책임감과 독립에 대한 불안함을 압축적으로 표현한 피사체이다. 또한 본인의 아니마의 표출인 동시에 아바타이며 현대인의 상징이다. 이러한 소녀의 의존대상은 작품에서 크기가 커진 개가 된다. 개는 애정의 표상이라고 할 만큼 인간에게 충성을 다하며 인간과 함께 한 역사 또한 오래되었다. 지난날에 개는 사냥과 집을 지키는 등의 인간과 공생관계를 이루었지만 현대에 있어서는 우리의 정서적 불안과 어떤 대상으로부터의 심적 지원을 갈구 하는데, 반려견은 우리가 가질 수 있는 불안과 문제에 대해 치유와 위안을 제공한다. 개는 현대사회의 일반적인 감정적 공허함은 이러한 관계들의 중요함을 더욱 상기시킨다. 어떤 이미지에서는 확대된 개의 모습이 위협적으로 보일 수도 있겠으나 본인의 작업 안의 동물은 보호자와 수호자의 역할을 한다. 인간은 개를 기르지만, 내적으로 인간이 개에게 보살핌을 받고 의지하게 되는 약한 존재이다. 그와 동시에 반대로 자신을 보살펴주는 인간이 삶의 전부가 되어버린 개 역시 인간이 없다면 약한 존재가 될 뿐이다.

이렇듯 개와 인간은 서로의 약한 부분을 채워주는 관계를 통해 내외적으로 상호보완적이고 유기적인 관계를 갖는다. 개는 인간이 살아가는데 있어서 정서적인 교감과 안정을 찾을 수 있는 대상이다.

작품 속 공간은 사람이 많이 다니는 공공장소나 야외공간이다. 이 공간에는 다른 사람은 존재하지 않고 오직 소녀와 개만 존재하고 있다. 사람이 많은 공간에 사람이 없다는 것은 인간사이의 유대감과 순수성을 잃어버리는 현실에 대한 애잔한 심리를 표현하는 동시에 인간과 반려동물의 교감이라는 부분을 강조하기 위함이다.

본인이 그리는 공간은 상징성을 지니고 있다.

대표적인 장소인 다리와 대중교통, 물이 있는 장소등이다. 다리는 어떠한 다른지점과 다른지점을 이어준다. 이렇듯 작품속에서는 다리의 중간에 소녀와 동물이 위치한다. 인간과 동물사이를 이어주는 매개체인 동시에 원래 있던곳(인간의 본성, 혹은 순수성)에서 낯선곳(경쟁, 이익이 존재하게 되는 사회)으로 이동하는 불안감도 함께 존재한다. 그리고 본인은 대중교통은 사회로 생각하고 상징성을 나타냈다. 그곳은 정해진 노선이 있고 내리거나 갈아타지 않는 이상 정해진 노선으로 흘러간다. 버스를 타거나 지하철을 탔을때 무표정한 얼굴로 주변사람들이 있지만 서로 소통은 전혀 없다. 이와 같이 사람이 많은 장소이지만 사람을 배재하고 오로지 소녀와 강아지의 소통하는 모습으로 사회적 흐름에 흘러가는 대로 살면서 잊고 살아가는 것이 무엇인가에 대한 물음을 던진다. 물은 끊임없이 흐르고 멈추지 않고 그대로 있는듯 하다. 그리고 이 장소 또한 이쪽과 저쪽을 나누는 경계의 의미도 가지고 있다. 자아와 세계에 대한 단절과 거리감을 나타내며 반려동물과 함께 있음으로 정화와 같은 여러 상징성을 가진다. 마지막으로 빛은 본인의 작업에서 가장 중요한 의미를 가진다. 빛은 시시각각 변화하며 작품 속에서 다양한 색감으로 나타난다. 빛은 불안한 사회에서 현대인을 상징하는 불안정한 사춘기 소녀와 그 소녀의 의지대상인 개, 사람이 많은 공간에 사람이 존재하지 않는 공간, 이 세 가지 양가성을 가지고 있는 대상을 긍정적인 에너지로 묶어주고 채워주는 역할을 한다. 빛은 이렇듯 숭고의 의미를 담고 있으며 이는 작업에서 대상들이 강한 콘트라스트로 인한 실재적인 느낌과 공간에서의 미세하고 은은한 색변화로 대비를 줌으로써 의식과 무의식을 나타낸다. 빛은 사물을 드러낸다 본인은 이러한 드러남에 대한 빛을 넘어선 무의식의 세계를 드러내는 빛을 표현하는것이다. 본인의 작품의 표현적인 특징은 현실을 있는 그대로 담아내는 극사실주의의 차가운 재현이 아니라 재현적인 면과 더불어 작가의 의식이 투영된 색의 주관적 해석을 통해 실재적 공간을 가상적 공간으로 보이게 하는 동시에 그 공간에서 느꼈던 느낌을 극대화 하는 것이다. 본인은 현대사회에서 중요한 예술의 역할은 정서적 기능을 상기시키고 안정감을 느끼게 하는 것이라 생각한다. 심리적 층위를 고찰하고 인간의 내면을 밝고 따뜻하게 정화시키는 작업을 하고 있다.

프로필

홍익대학교 일반대학원 회화과 재학 / 추계예술대학교 서양화과 졸업

2013.

International Art Fairs | Art Southampton (Shine Artists Gallery - 뉴 욕)

International Art Fairs | The Affordable Art Fair Hampstead (Shine Artists Gallery - 런 던)

International Art Fairs | 2013 아트쇼 부산 (BEXCO - 부산)

Solo Exhibition | 정 우 재 제 1회 개인전 〈The Girl and Her Dog〉 (Shine Artists Gallery - 런 던)

Exhibitons | 2013 홍익대 회화과 석사학위 청구전 (홍익대학교 현대미술관 HOMA 1관 - 서 울)

2012.

Exhibitons | 2012 홍익국제미술제 (홍대대학로 아트센터 - 서 울)

International Art Fairs | The Affordable Art Fair Hamburg (Shine Artists Gallery - 함부르크)

International Art Fairs | The Affordable Art Fair Hampstead (Shine Artists Gallery-런 던)

International Art Fairs | KIAF/12 (COEX - 서 울)

2011.

Exhibitons | 12th GPS (홍익대학교 현대미술관 - 서 울)

Art Fairs | 2011 아시아프 〈아시아대학생 청년작가 미술축제-예술, 내 삶에 들어오다〉

(홍익대학교 현대미술관 - 서 울)

2009.

Exhibitons | 임립미술관 특별기회 〈repetitious〉 (임립미술관 - 공 주)

Art Fairs | 서울 아트살롱 아트페어 (aT 센터 - 서 울)

2008.

Art Fairs | 2008 아시아프〈아시아대학생 청년작가 미술축제-우리가 처음 만났을 때〉 (구서울역사 - 서 울)

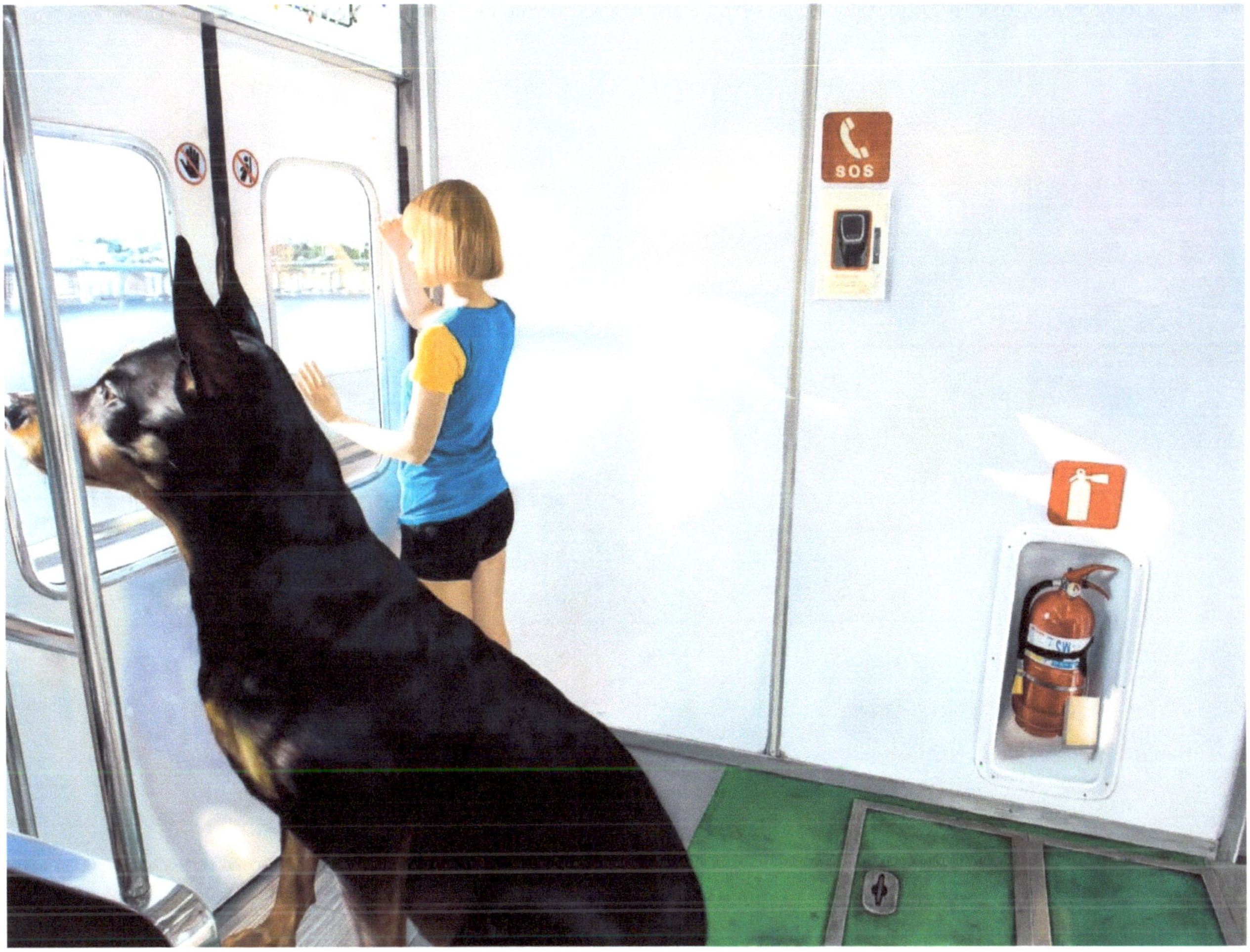

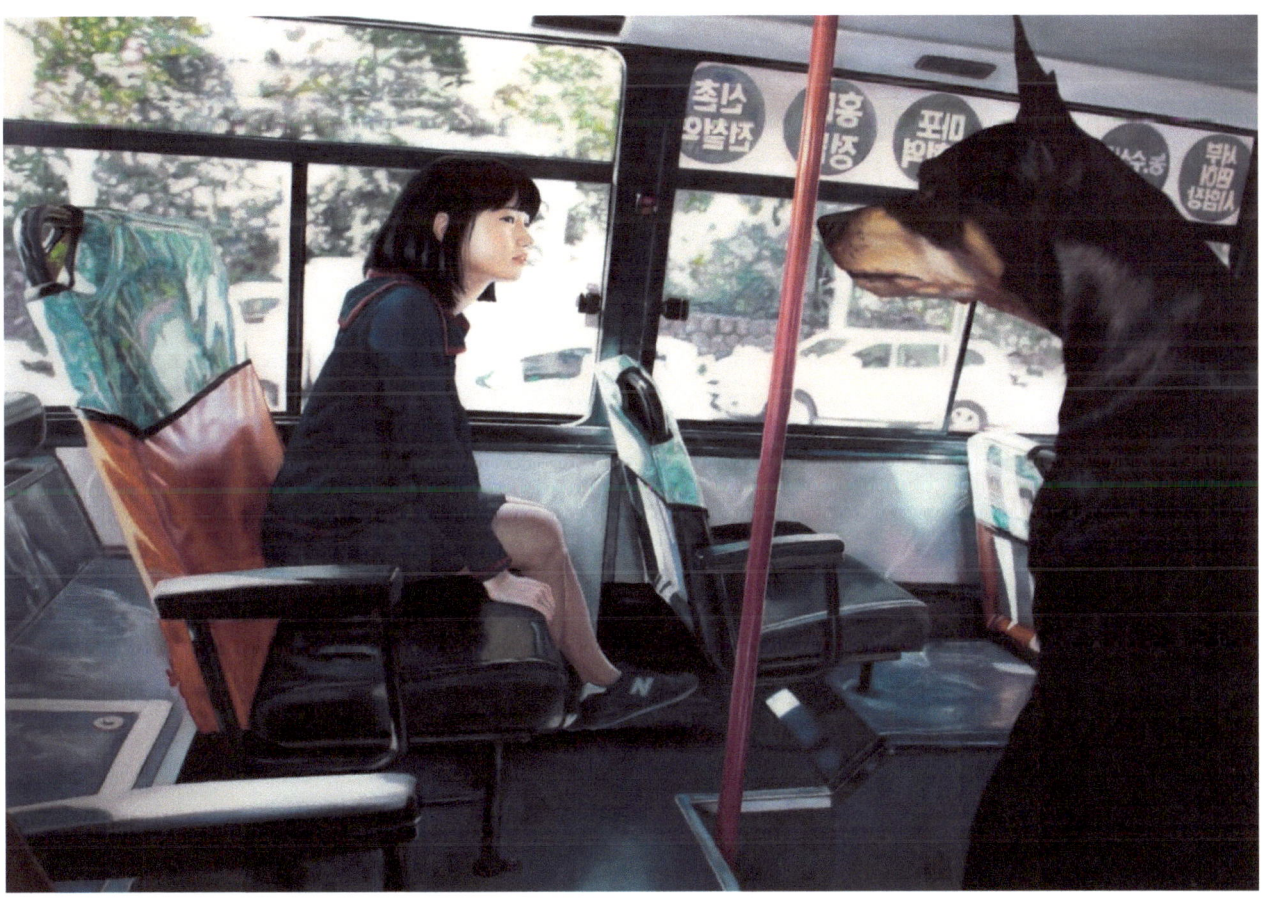

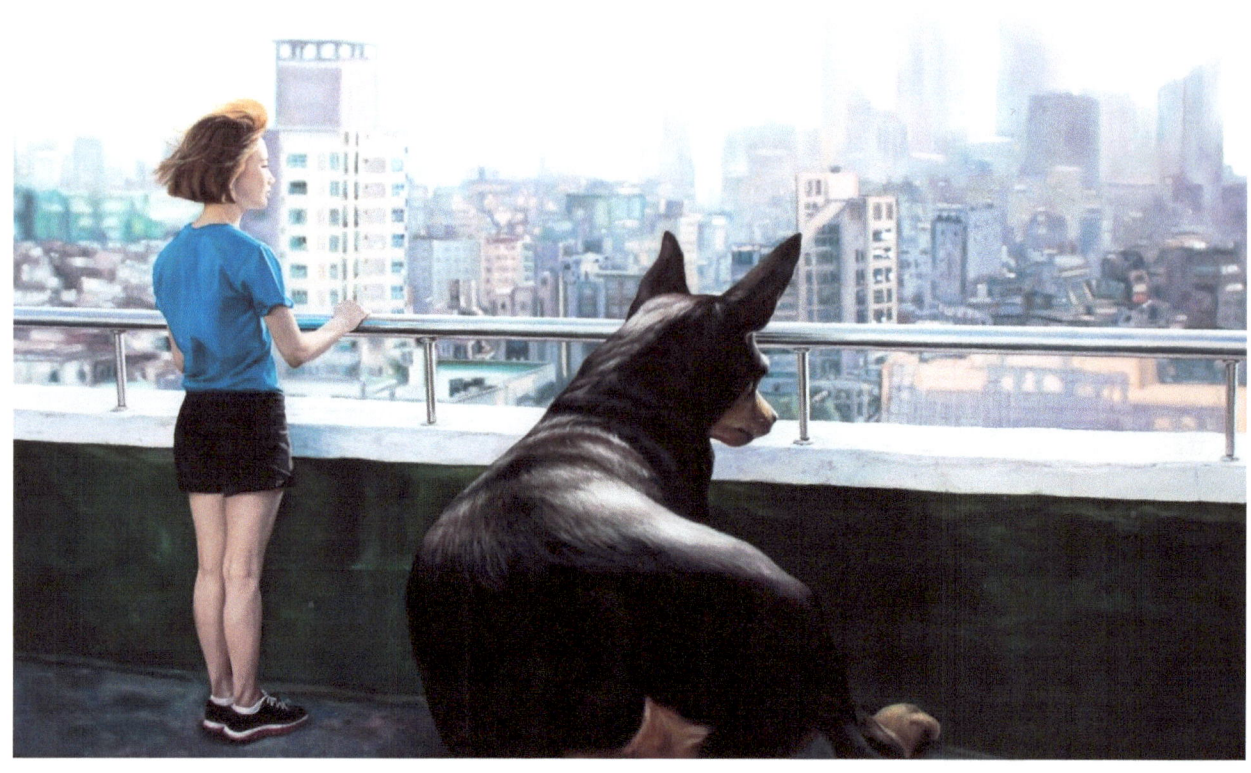

Gleaming-Feel the space   130.3x162.2cm,   oil on canvas,   2012

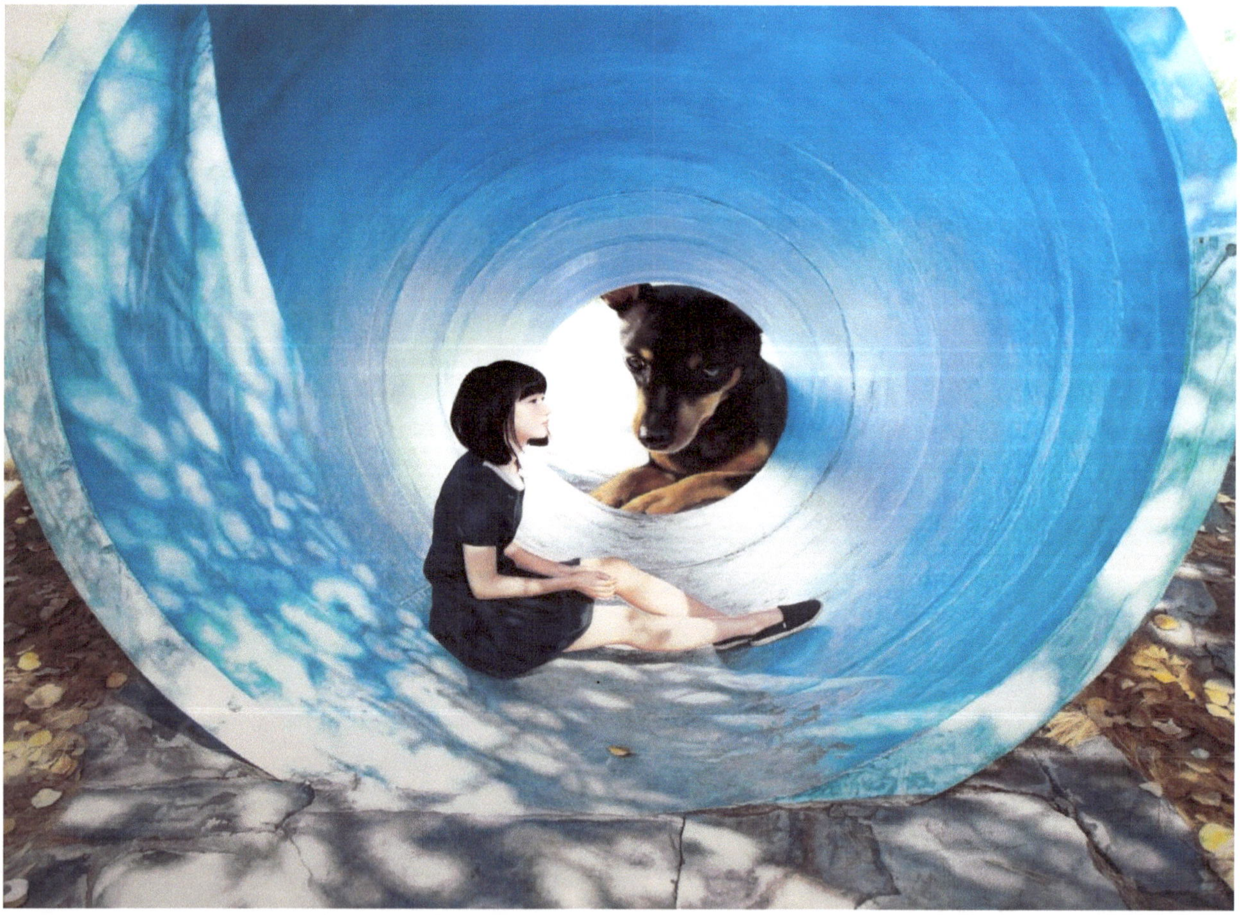

Gleaming-Whisper II   130.3x162.2cm,   oil on canvas,   2013

김양지 신진작가

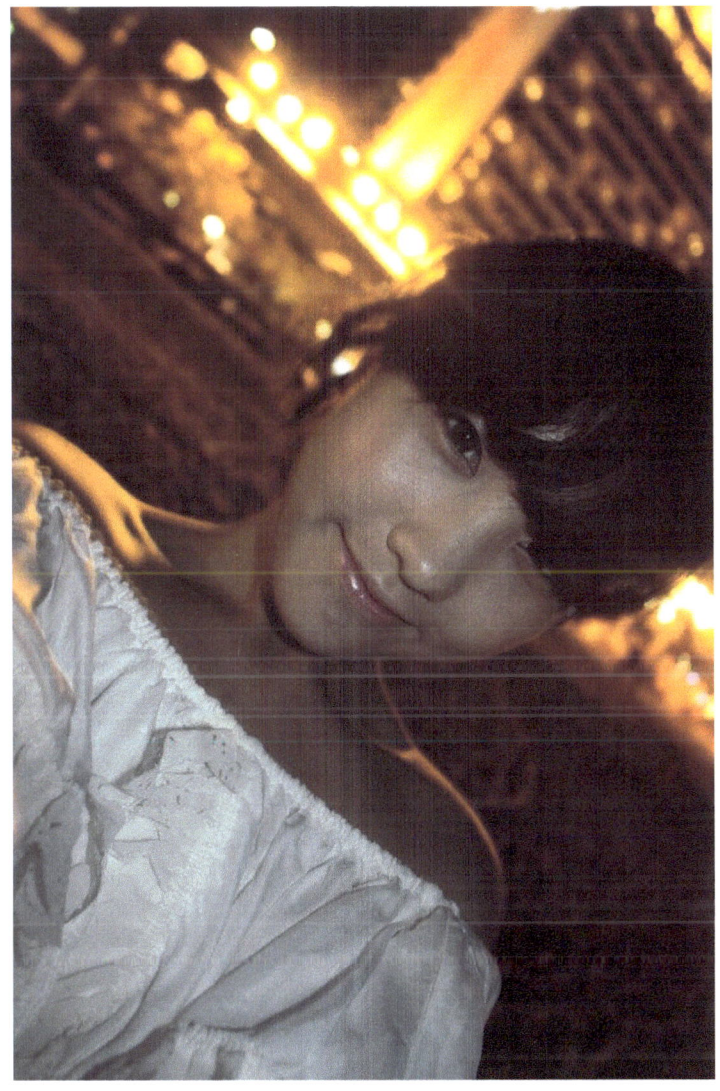

에디터노트

불독을 사진으로만 보면 약간은 두려움을 일으키는 느낌을 준다. 하지만 실제 불독을 보면 귀엽다는 느낌을 준다.

김양지 작가의 작품을 보면 작가자신이 불독을 아주 가까이에서 유심히 관찰을 하고 강아지를 통해서 느껴지는 다양한 심상을 하나도 놓치지 않는 다는 것을 알게 해준다.

작품에 보면 개의 친근함과 위트가 보여진다. 한국적인 분위기를 볼 때 조소보다는 페인팅작품이 주로 관심을 받기도 하는데, 작가의 작품들은 전시회장을 가면 제일 먼저 눈에 뜨이는 것을 볼 수 있다. 그만큼 인상이 깊어서 일까

재미있는 점은 미술관계자외에 미술적인 지식이 적은 일반인들조차 김양지작가의 작품에는 많은 관심을 보인다.

그리고 오랫동안 발길을 멈춘다. 전문가와 비전문가 모두의 눈과 발을 머물게 하는 것.

이런 것이 작가의 역량이라는 생각을 하게 된다.

작가노트

개는 사람과 가장 가까운 반려동물(伴侶動物)이다. '반려(伴侶, companion)'란 함께 생각하고 행동하는 것, 배우자를 '반려자'로 비유하기도 한다.

작품에서 보인 개의 모습들은 동시대를 사는 현대인의 초상이기도 하다. 일차적인 주제는 현대사회의 이면이지만, 그런 단순한 무거움이 기상(奇想, conceit)과 유희(遊戱, pun)를 투과할 때 나타나는 '심리적 안정감(psychological stability)'에 작품의 최종 주제를 두었다.

개가 인간에게 주는 정신적. 비물질적 위로와 치유의 메시지가 감상하는 이들의 감정과 영혼을 따뜻하게 자극할 수 있길 바란다.

프로필

홍익대학교 도예유리과 졸업 / 동대학원 도예과 재학

2013

'The Monolithism'   / 서울시립미술관

'더 : Ceramic'   / 이도갤러리

동물성, 그곳에서 인간의 위상을 보다 / 밀알미술관

2012

Ceramic 3Ways/ 미국몬타나주립대학

홍익대학교 도예유리과 졸업전시 / 홍익대학교 문헌관 4층

2012 서울현대도예 공모전 조형부문 입선

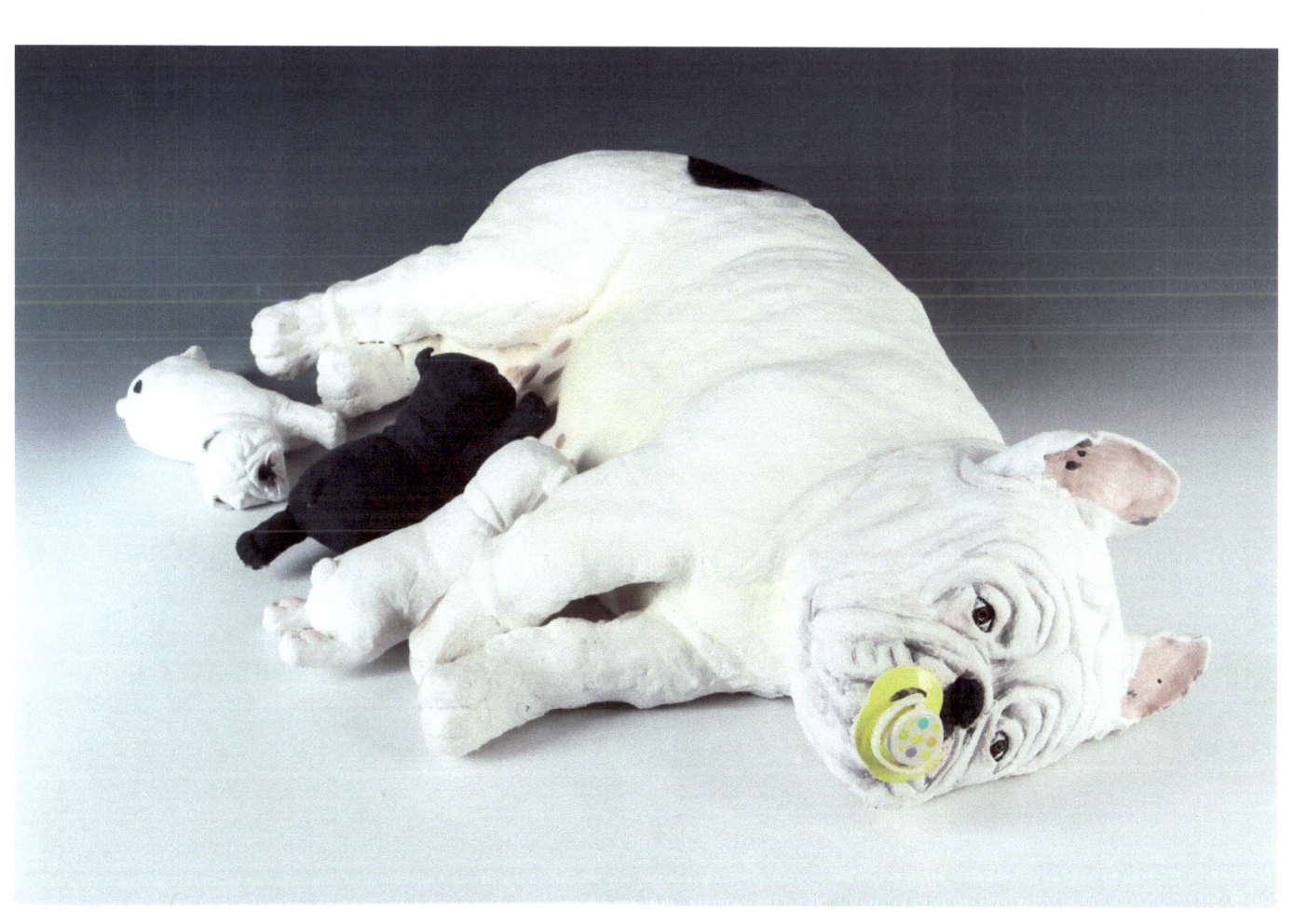

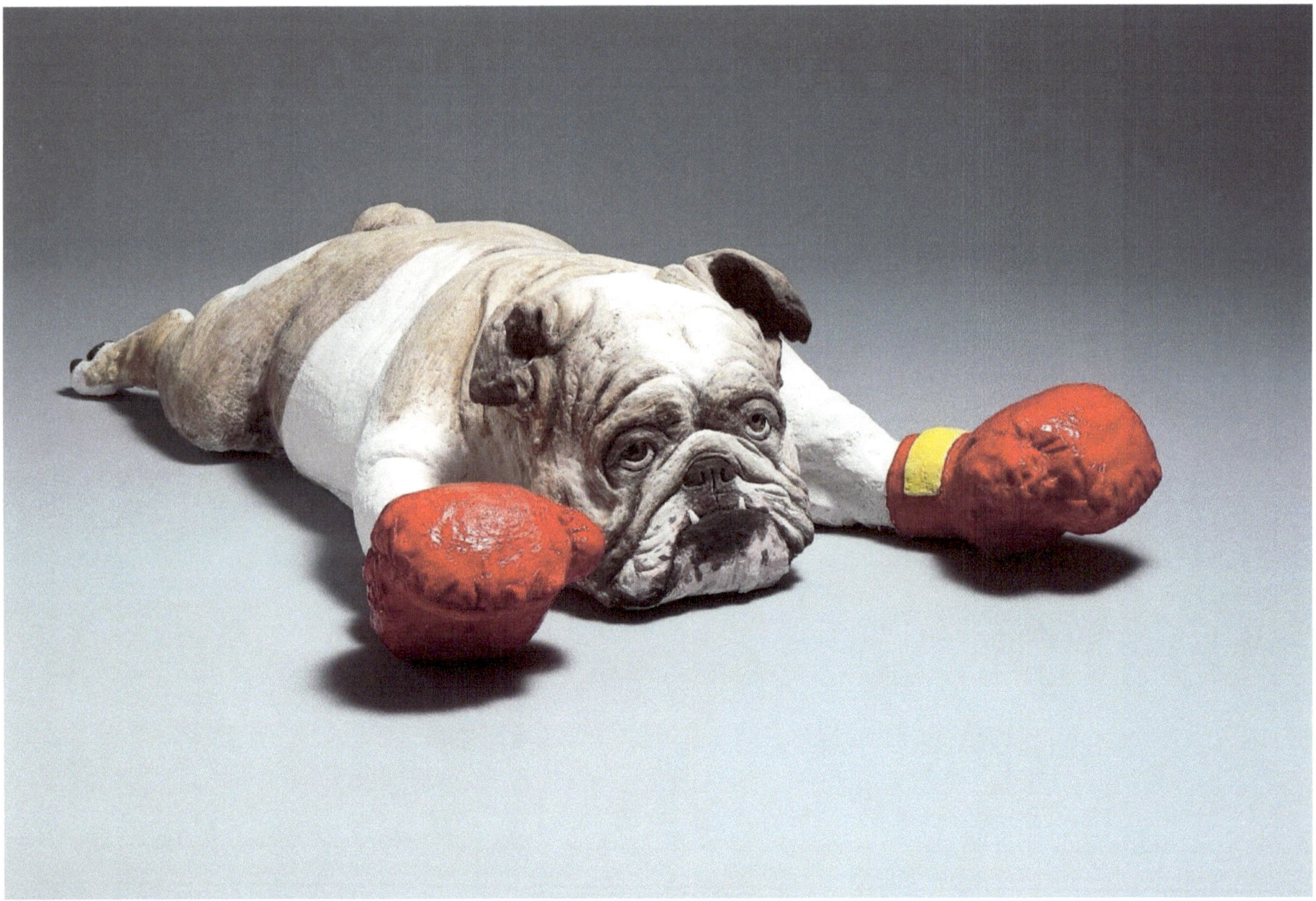

경쟁사회(Competitive society) Series #1 Knock down,52x63x19(cm),도자(석기 질대토, 핸드빌딩, 중화도 소성), 2012

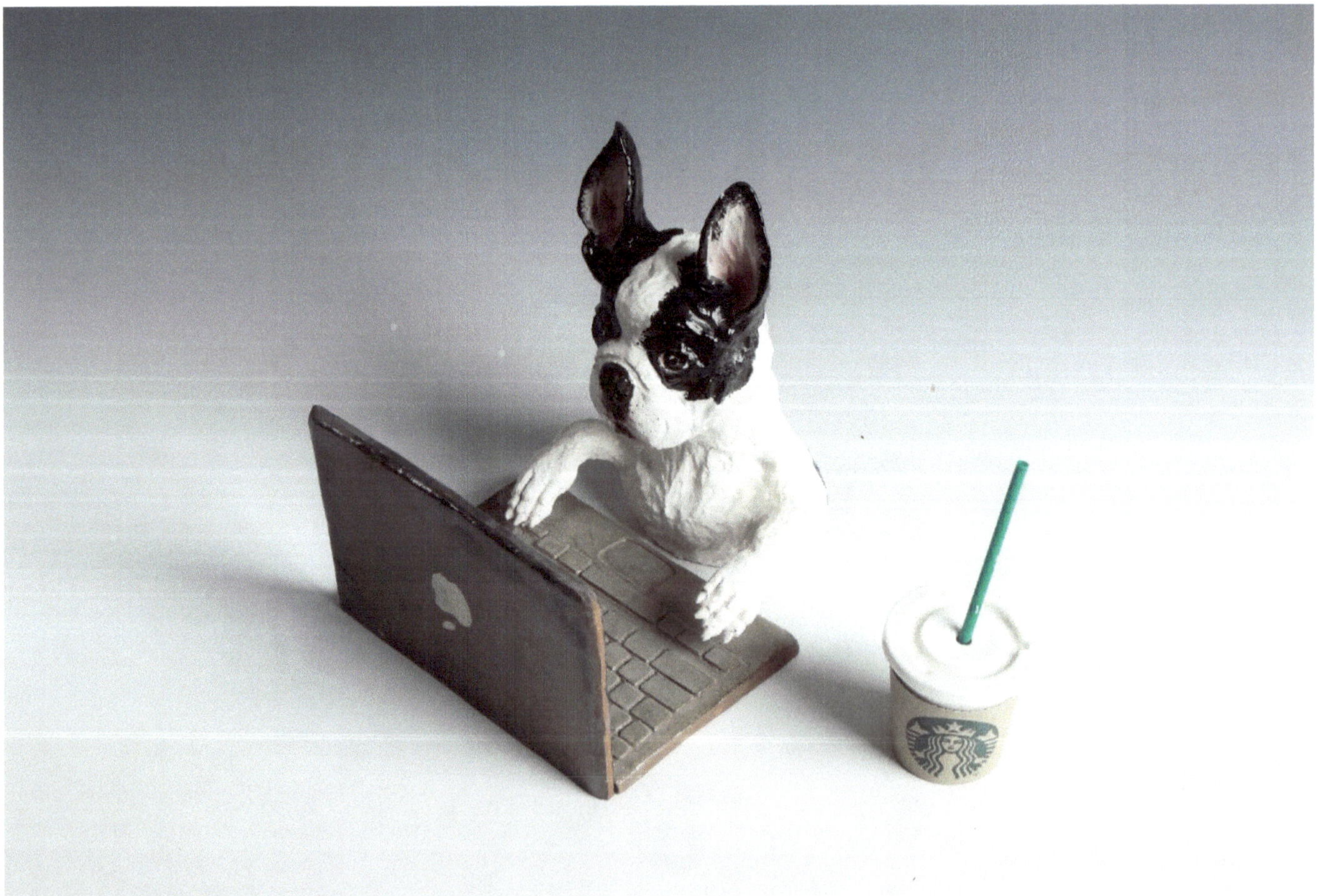

명품 syndrome # 1,30x40x43(cm), 도자(석기 질대토, 핸드빌딩, 고화도 소성) , 2012

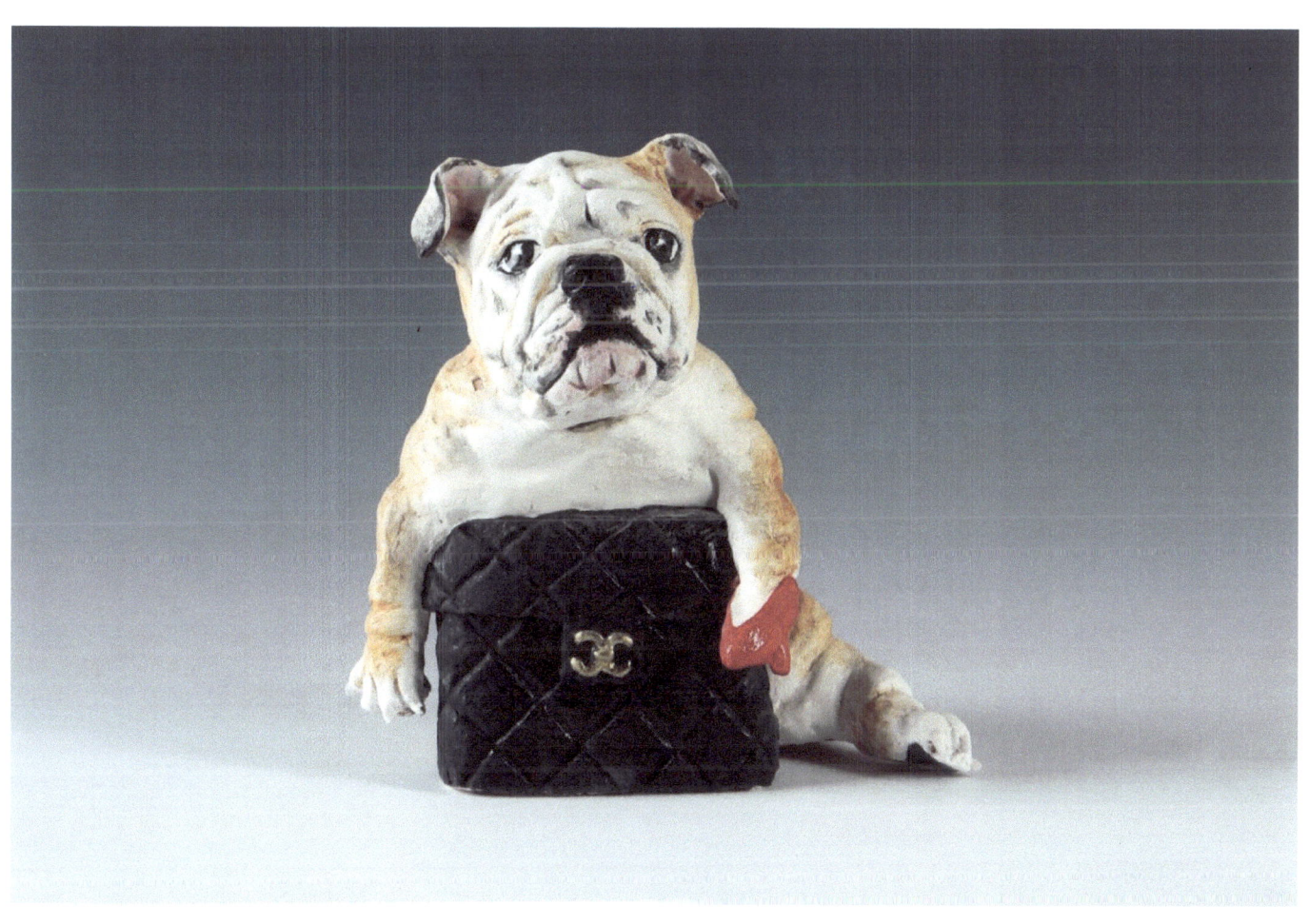

Artist #3

김현 신진작가

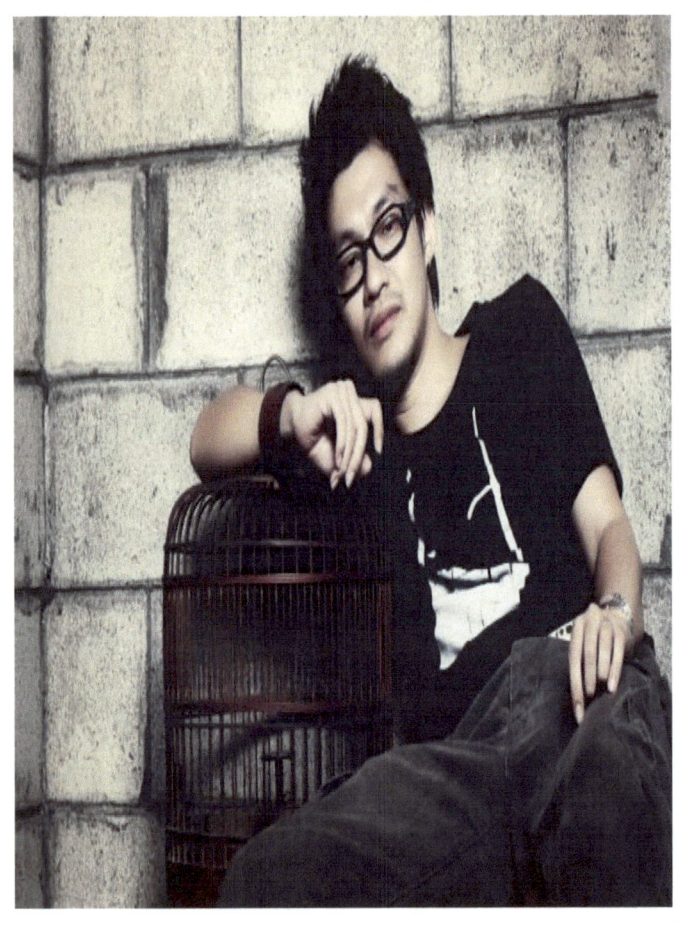

에디터노트

김현 신진작가는 영국 사진명문대학교 팔머스유니버시티에서 학부를 마친 재원이다.

어두운 듯하면서도 눅눅한 느낌을 주는 안개의 나라 영국. 그러한 영국적 느낌을 유감없이 전해주는 그의 사진작품들은 한국에서는 보기 드문 정서를 느끼게 해준다.

에이징(Aging)이라는 테마를 가지고 사진작업을 하였는데, 그는 나이 들어감에 대한 고뇌나 어떤 감상에 대해서는 천진난만할 정도로 관심이 없다.

재미있는 점은 동안이면서도 전형적인 아티스트스타일이라서 나이가 고정된 것 같은 느낌을 준다는 것이다. 하지만 나이 들어가는 것에 대한 현상을 단순히 외적인 형상의 변화로만 대할 뿐. 그 결과로서 얻는 지혜와 깊이에 대해서 집중 해 들어간다.

그래서 그의 사진작품들을 살펴보면 에이징이 진행되는 동안의 어떤 감정보다는 대상물 하나하나

의 깊이와 색감에 대해서 관찰해 들어간다. 흔들림없이 자신만의 세계를 만들고 색상을 부여하는 작가의 모습을 보면서 신진작가 연령대의 끝에 서 있는 작가만이 갖을 수 있는 원숙함과 진지함을 마주하게 되는 느낌을 갖는다. 중진작가가 되면 어떤 작품을 통해서 우리 삶의 의미를 어떻게 채워 넣어 주게 될지 그가 제시할 메시지가 벌써부터 궁금해진다.

프로필

영국 사진명문 대학교, 팔머스유니버시티 졸업(University College Falmouth)

Degree(BA) Photographic Communication

Qualification – PQE of BIPP in England(영국 프로사진작가 협회 소속)

Exhibitions

1999

Two&One – FCA Gallery in Falmouth

2000

Parallel Visions – The Tom Blau Gallery in London

Summer Show'00 – Photography Dep

CLIENT

GQ KOREA / Inside Magazine / Airport Info / Uzen / Beauty – Partners / 대흥기획 / MBC game net / MTV (MTV THE CIRCLE) / KT&G / Sony Music / The Herin Homme / 웰콤 / 르노삼성 / Music Friends / SM ent / TTM ent / Hue ent / 예전 미디어 / CHAN2 Production / 감 ent / BREMEM ent / STARMADE ent / SPH ent / 제이원플러스 / 싸이더스HQ / 10+ent / 에이블 ent

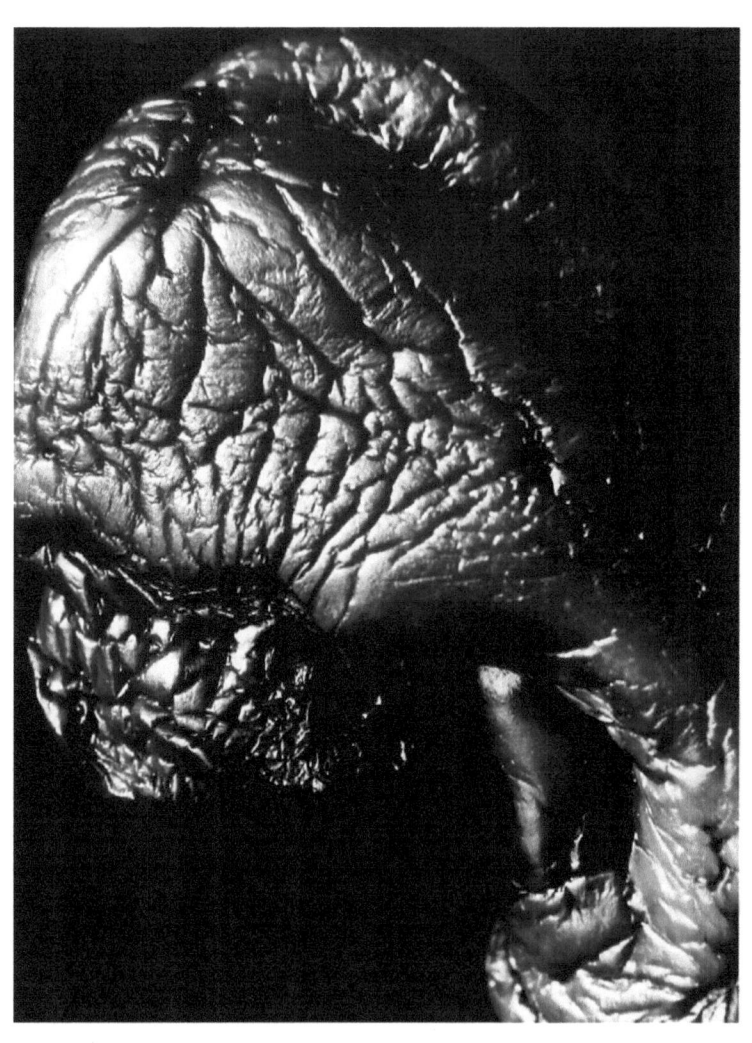

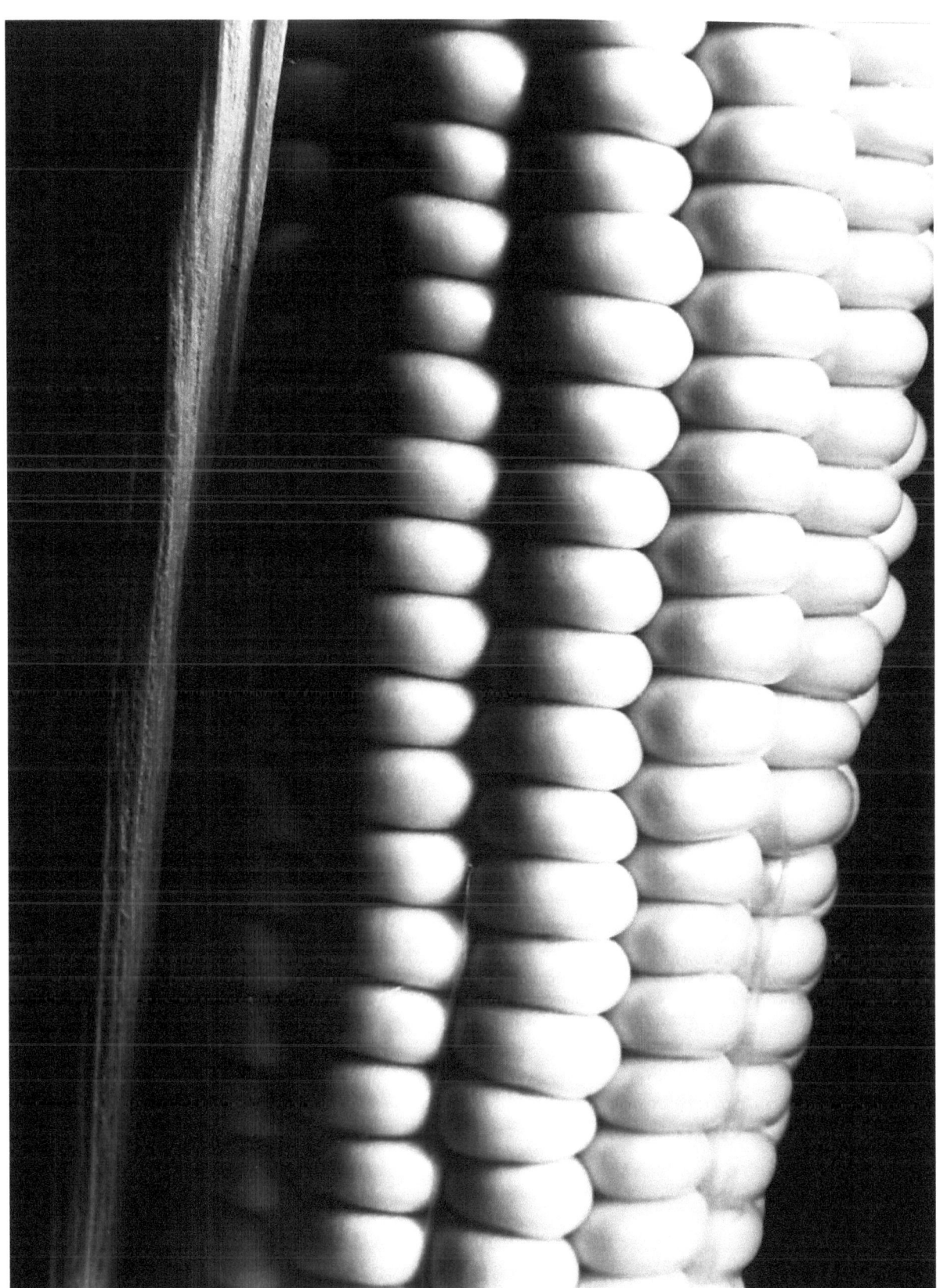

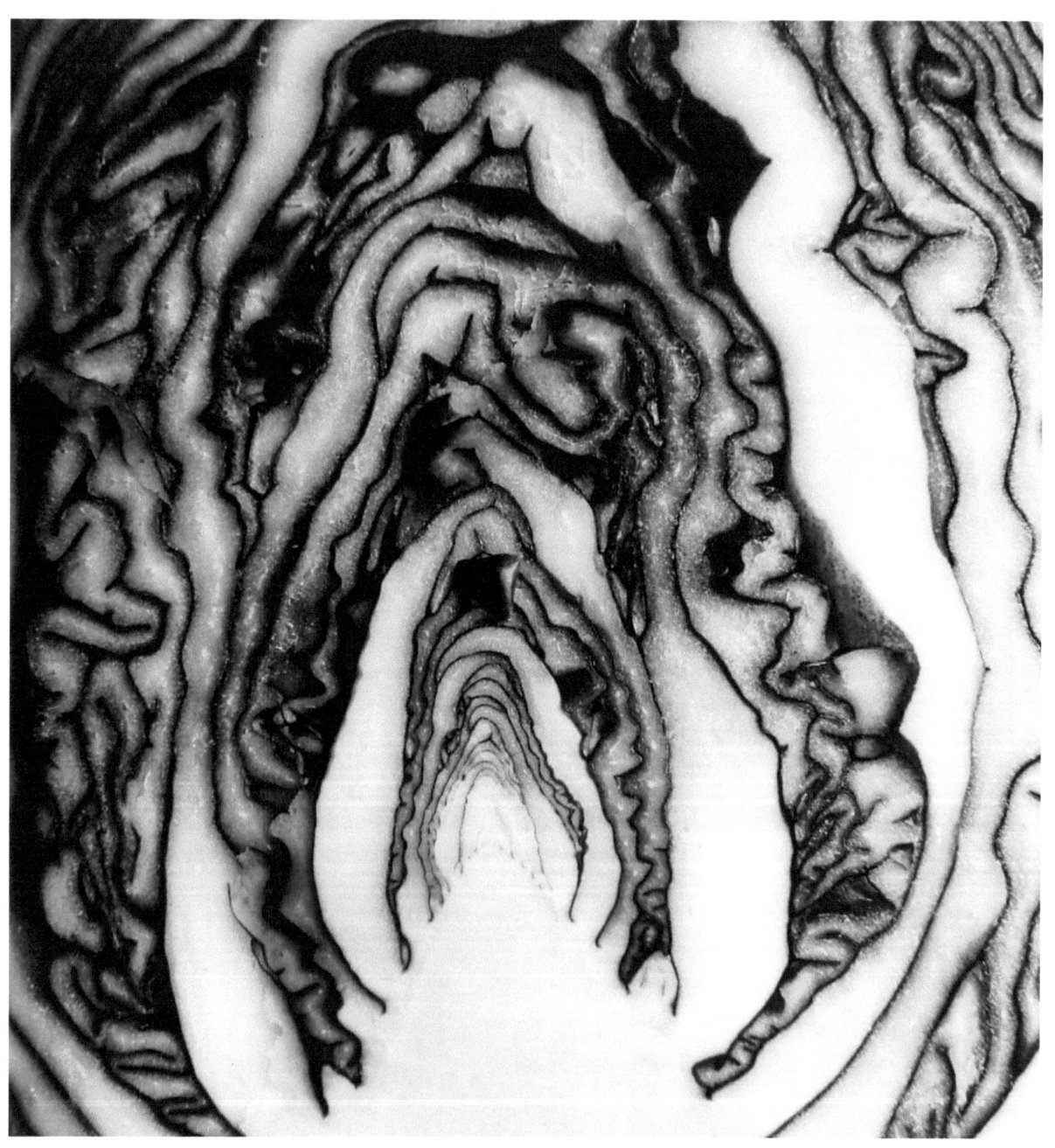

채수빈 신진작가

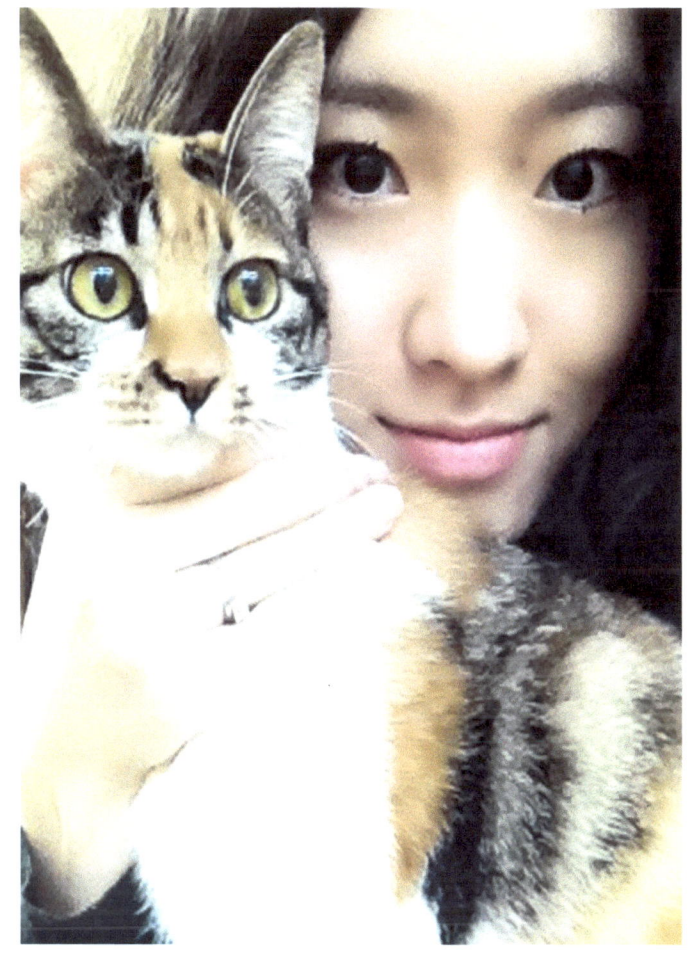

에디터노트

채수빈 신진작가는 고양이를 정말로 사랑하는 작가이다. 대부분의 작가들이 섬세한 감성을 지니고 있지만, 채수빈 신진작가는 고양이에 대한 자신의 감상을 이 이야기할 때 마치 자식을 사랑하는 부모의 마음처럼 무한한 사랑과 애틋함을 보여준다.

그래서 그런지 그녀의 작품들은 대부분 동물, 그중에서도 고양이에 초점이 맞추어져 있다. 그리고 자유분방한 성격의 영향인지 굳이 작품을 캔버스에 그린다는 개념에도 억매이지 않는다.

작가는 자신이 작품을 스케치북에 드로잉을 하며, 색상도 편안한 색상으로 채워들어 간다. 마치 아동화를 보는 것 같은 느낌이 들게 해주는 독특한 형태의 작품을 제작해낸다.

전시회에서 보는 그녀의 작품들이 하나하나 벽면을 채워들어갈때보면 작거나 큰 스케치북, 메모장들이 모여서 거대한 벽화를 보는 것 같은 느낌을 준다. 전통적인 페인팅작품으로서 액자에 넣어진 것도 있지만,

작품의 맨 모습 그대로를 드러내어 종이의 질감이 그대로 드러내는 것을 볼 수가 있다. **작품을** 해본 사람들은 알 것이다. 대학에서 배운 기본기의 영향으로 아동화와 같이 풀어진 형태의 작품을 만들어내는 것이 얼마나 힘이 드는 지를 그런데 그녀는 그러함의 한계를 뛰어넘고 있는 것을 볼 수가 있다. 아마도 그것은 타고난 재능이 기본기를 감싸안으면서도 충분히 자유로운 선을 드러낼 수 있도록 하는 것 같다.

작가노트

환상 동물원의 우울.

보통 동물원 관람은 일상에서 벗어난 행위로 여겨진다. 갇혀서 전시된, 살아있는 박제로서의 동물들을 보며, 사람들은 자신이 자유롭다고 느끼게 된다.

하지만 인간의 삶을 일상으로 되돌렸을 때 본질적으로 갇혀 있지 않은 사람은 없다. 동물원은 그런 사람들에게 갇힘의 현존을 목격시킴으로써 자신에게 가해진 구속을 일시적으로 잊게 하는 도구로 기능한다. 때문에 동물원이라는 것은 존재하지 않는 믿음을 발생시키는 공간, 즉 환상의 공간이다.

환상 동물원을 통한 우울은 그 환상이 사라진 풍경, 즉 바라보는 내가 응시되는 동물과 똑같이 구속된 존재라는 것을

깨달음으로써 발생한다. 이렇게 '환상 동물원의 우울'은 동물원 속에 은폐된 일상의 구속이 표면으로 드러났을 때의 풍경이다.

프로필

홍익대학교 시각디자인과 졸업

2013

홍익대학교 신진작가 발굴전 (밀알미술관)

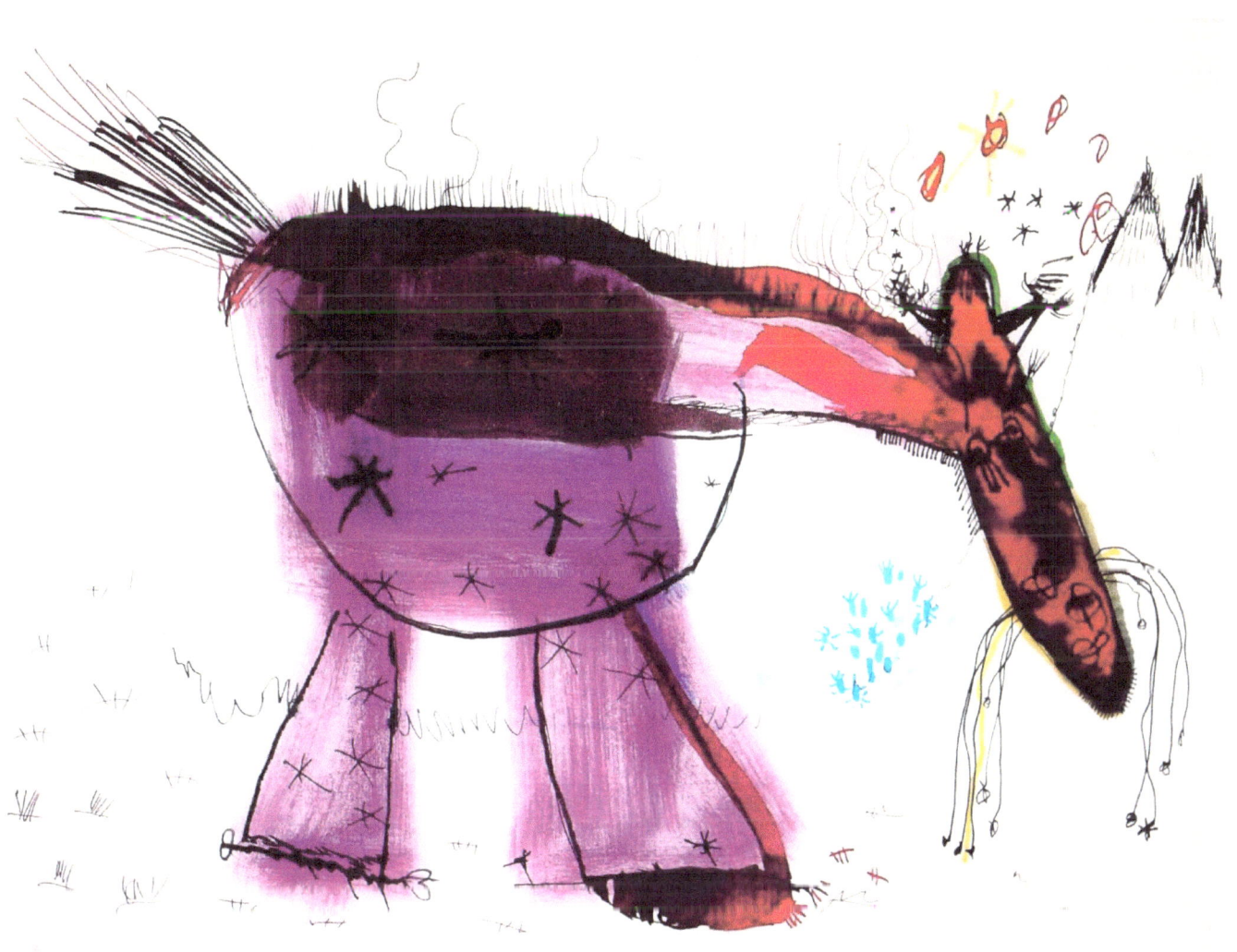

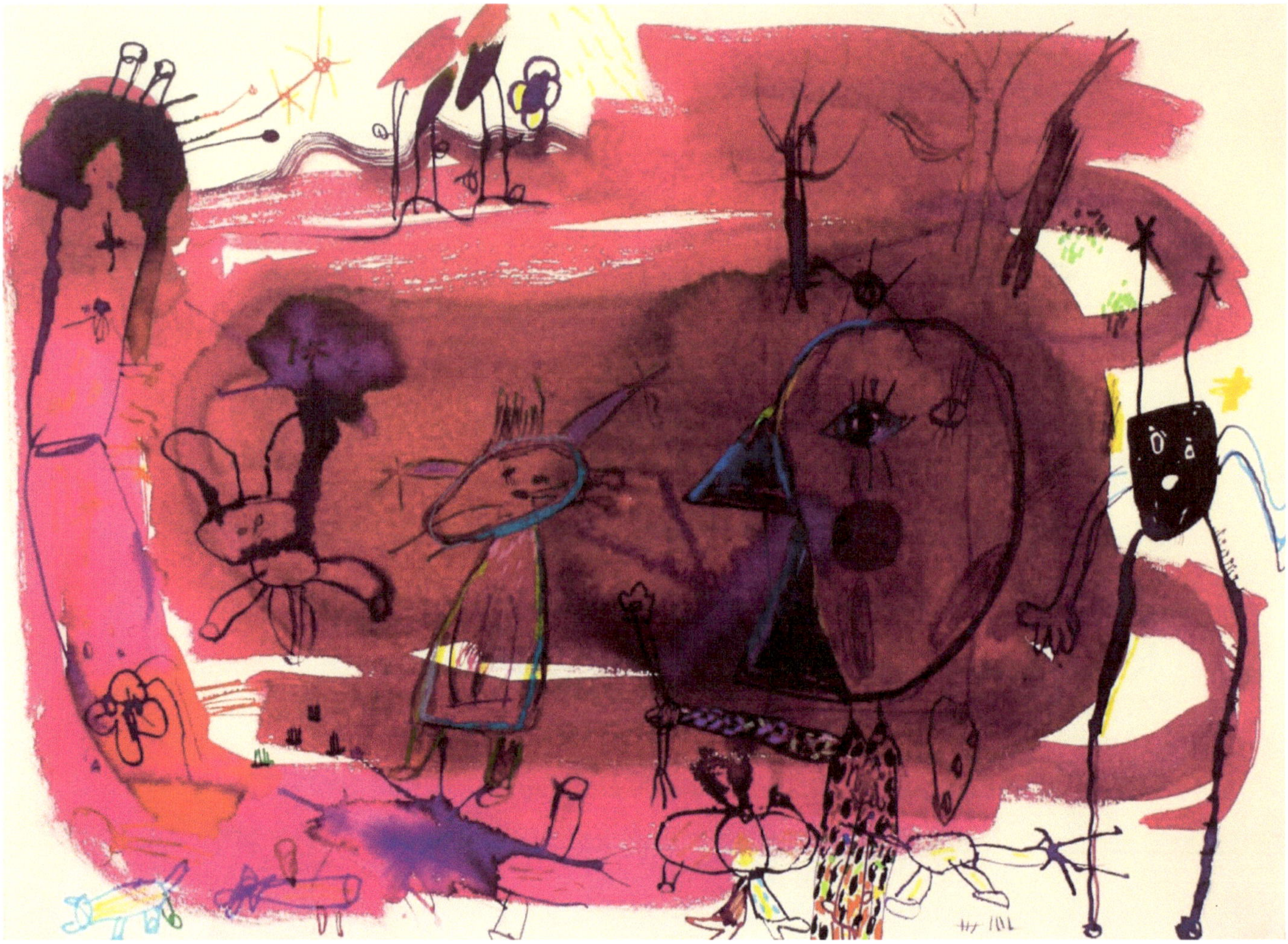

환상 동물원의 하루, 종이에복합재료_60x43(cm),2012

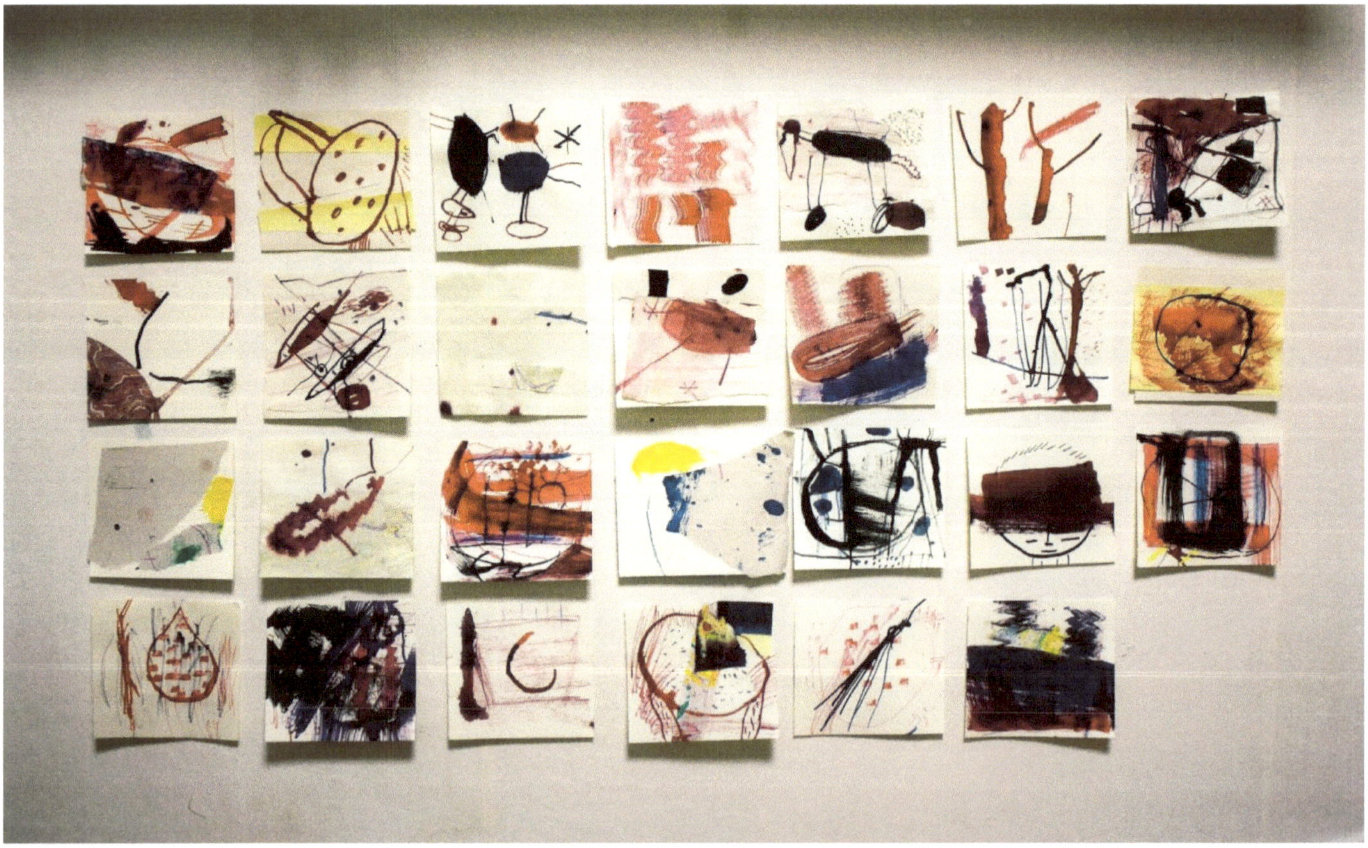

중얼 중얼, 종이에 복합재료_각 10x10(cm), 2012

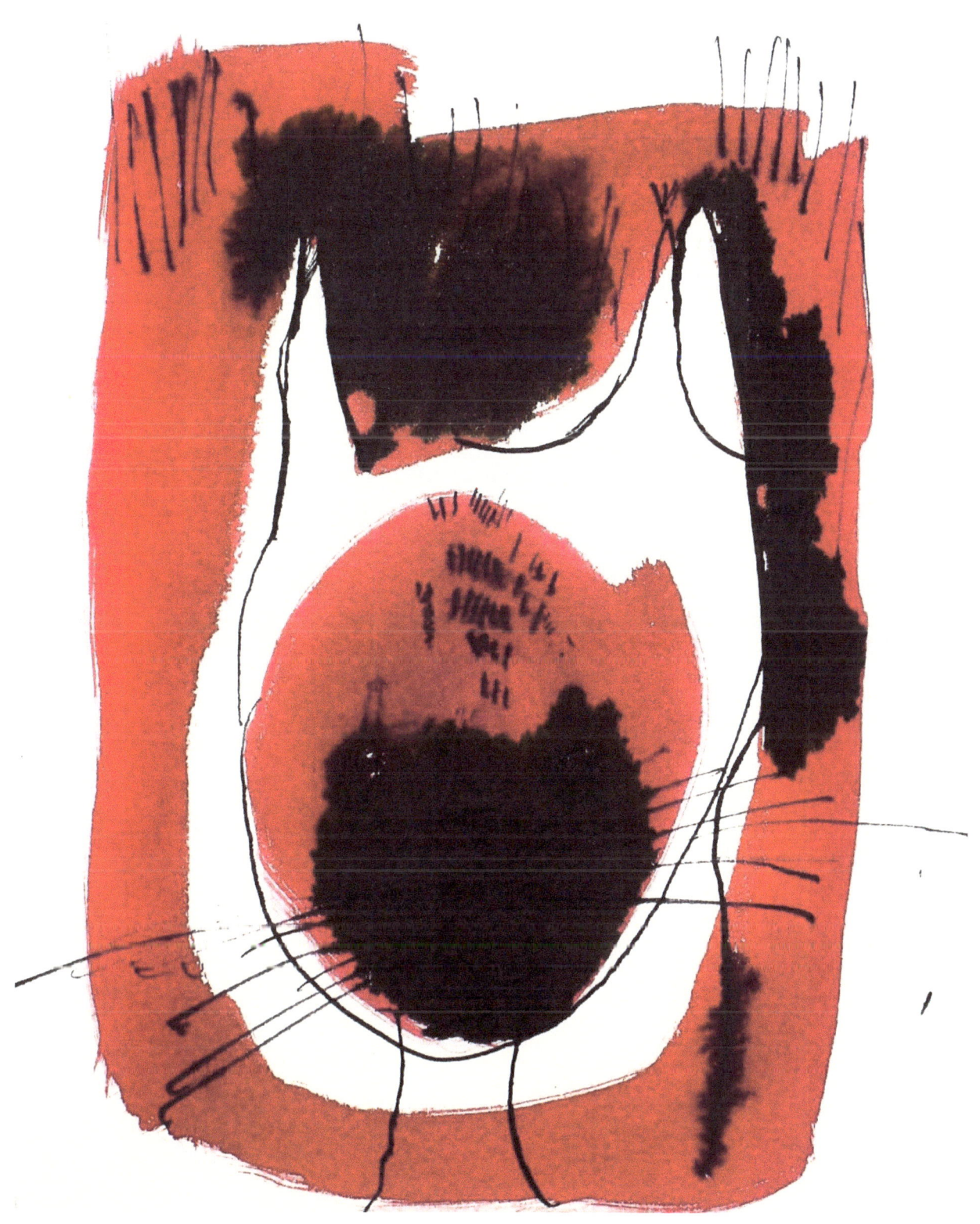

Editor Note

정말로 바쁘게 살아왔던 시간들이었다.

변화도 많았다. 우선 매거진을 무크지영역으로 변화하고 디자인에서 전체적인 구조까지 많은 변화가 있었다.

애초에 미술을 중심으로 문화예술영역을 뻗어나가는 매체를 목표로 했지만, 미술세계만 해도 방대하여 적지 않은 시간을 보내게 되었다.

이제 어느 정도 숨을 돌리고 돌아보니 생각보다 멀리 달려왔던 것 같다.

길게 말을 쓸만한 것도 없었다. 나름 멀리 내다보고서 뛰려고 했지만 결국 자본주의의 거인들 손안에서 움직인다는 것을 자각할 뿐이다.

그렇지만 더욱 노력하고 더욱 정진하여 많은 것을 깨닫고 때로는 우직할 만큼 공을 들여나가는 작가들의 정신과 같이 계속 노력하고 나아가고 노력하고 나아가는 수밖에 없지 않겠는가.

그냥 그런 생각이 들었다.

편집인 sungonkim

Monthly Culture & ART MOOK, ART DIGEST

Vol.2:201306

발행일 2013.06.01

출판번호 2011-000040호

편집 mediacompany edit team

발행 arttimes

발행및편집인 sungonkim

주소 서울특별시 강남구 테헤란로2길 36

(역삼동, 포시즌빌딩3층 LS비즈니스센터318호)

Tel. 0505-878-2049

Fax. 0505-877-2049

arttimesnews@naver.com

www.arttimesnews.com